AF456706

ÉTUDES JURIDIQUES

LA

PARTIE CIVILE

A LA

COUR D'ASSISES

ACTION CIVILE — RECEVABILITÉ.
LA PARTIE CIVILE ET LES FRAIS CRIMINELS
POURVOI EN CASSATION.

PAR

GUSTAVE CHRÉTIEN
AVOCAT A LA COUR D'APPEL
DOCTEUR EN DROIT

IMPRIMERIE ET LIBRAIRIE GÉNÉRALE DE JURISPRUDENCE
MARCHAL ET BILLARD, IMPRIMEURS-EDITEURS
LIBRAIRES DE LA COUR DE CASSATION
27, Place Dauphine, Paris.

1887

A Me Demange,

Je devais à la bienveillance d'un de nos Maîtres, à notre excellent Bâtonnier, Me Rousse, d'avoir fait insérer, dans la *Gazette des Tribunaux*, une première étude sur la partie civile et les frais criminels.

Je dois aujourd'hui à vos observations amicales et à celles de quelques-uns de nos Confrères, d'avoir écrit une nouvelle étude sur l'article 359, qui précise jusqu'à quel moment est recevable l'action de la partie civile.

Puisque c'est sur votre invitation que je les réunis toutes les deux dans cette brochure, permettez-moi, mon cher Demange, de vous la dédier, tout en l'offrant à mes chers Confrères.

Gustave CHRÉTIEN.

Avril 1887.

LA PARTIE CIVILE

A LA COUR D'ASSISES

Droit de se porter partie civile aux Assises.

Action civile

Tous ceux qui ont souffert du dommage causé par un crime, peuvent exercer une *action civile* pour réparation de ce dommage. Cette action *peut* être poursuivie en même temps et devant les mêmes juges que l'*action publique* (art. 1, 2, 3 du Code d'instruction criminelle).

Ces deux actions demeurent distinctes. Elles n'ont pas le même objet : L'une tend à une peine, l'autre seulement à une réparation civile. Elles marchent à côté l'une de l'autre, se fortifiant réciproquement, sans pouvoir se confondre ; la première est exercée par l'autorité publique, la seconde par la partie lésée. Seul « le procureur général (art. 362) fera sa réquisition pour « l'application de la loi; la partie civile fera la sienne pour « restitution et dommages-intérêts. »

Nous ne sommes pas en police correctionnelle ; là le Tribunal peut être « saisi par la citation donnée directement au prévenu par la partie civile » (art. 182); la citation tient lieu de plainte (art. 183); la partie civile exposera l'affaire (art. 190). — Aux assises, au contraire, c'est l'arrêt de la Cour d'appel qui renvoie devant le jury, et le greffier lira cet arrêt de renvoi et l'acte d'accusation dressé par le ministère public (art. 313). C'est le procureur général qui exposera le sujet de l'accusation, — sans qu'il y ait dans cette prescription de l'article 315, qui en général n'est pas suivie, une obligation sous peine de nullité. — C'est lui qui présentera ensuite la liste des témoins qui devront être entendus. Après l'audition des témoins, c'est lui encore qui conclura à la peine.

La partie lésée, pour intenter son action civile, n'a qu'à prendre des conclusions en dommages-intérêts, cela suffit; c'est un des moyens de se porter partie civile, indiqués dans l'article 66. Aucune loi ne déclare qu'il soit nécessaire de se constituer d'abord partie civile pour avoir le droit de prendre ensuite des conclusions.

Jusqu'à quel moment peut-on exercer cette action à la Cour d'assises? C'est ce que nous allons examiner.

Pour résumer les divers points de cette étude, si j'osais faire une formule, j'emprunterais au droit Romain son admirable brièveté : *quis*, *ubi*, *quare*, *quomodo*, *quando*.

Recevabilité. — *Code d'Instruction criminelle* (*art.* 359).

I

On ne peut, dit-on, se porter partie civile après cette déclaration du Président des assises, contenue dans l'article 335, « *les débats sont terminés.* »

Les débats terminés! expressions de la loi bien peu exactes, en ce qui touche les débats *criminels,* puisque l'article 363 ordonne au président, au cas de verdict affirmatif, de demander à l'accusé « s'il n'a rien à ajouter à sa défense, sans pouvoir plaider que le « fait est faux, mais seulement qu'il n'est pas défendu ou qualifié « délit par la loi, ou qu'il ne mérite pas la peine dont le procu- « reur général a requis l'application. »

Paroles complètement inexactes, en ce qui touche les débats *civils,* lesquels doivent continuer d'après ce même article 363 : « l'accusé pourra plaider que le fait n'emporte pas de dommages- « intérêts au profit de la partie civile, ou enfin que celle-ci élève trop haut les dommages-intérêts qui lui sont dus. »

Doublement inexactes encore au cas d'acquittement. Voyez l'article 358 : « l'acquittement prononcé par le président, la Cour « statuera ensuite sur les dommages-intérêts respectivement pré- « tendus, *après que* les parties auront proposé leurs fins de non « recevoir ou leurs défenses et que le procureur général aura été entendu. » Cet article ajoute : « La Cour pourra néanmoins, *si elle le juge convenable,* commettre l'un des juges pour enten- « dre les parties et faire son rapport à l'audience, où les parties « pourront *encore* présenter leurs observations et où le ministère « public sera entendu *de nouveau.* »

Ces mots avaient un sens autrefois, quand le Président résumait les débats ; il commençait par les déclarer terminés pour les résumer : aujourd'hui il n'y a plus de résumé.

Après cette déclaration « *les débats sont terminés* », quelle raison légale, quel texte, au titre deuxième de la Cour d'assises, pour ne pas accueillir la demande de la partie civile ? Aucun.

Il faut que les demandes respectives soient accueillies, afin que toutes reçoivent une solution par le même arrêt, comme nous le dira l'article 366.

II

Peut-on aller plus loin et dire : la partie civile a le droit de n'intervenir qu'*au dernier moment,* quand le verdict du jury a été rendu et avant que le Président ait prononcé l'acquittement ?

Ce qui précède justifierait cette affirmation puisque les débats ne sont pas terminés. Ce qui suit l'établit mieux encore.

La partie civile et l'accusé sont recevables pourvu qu'ils forment leur demande *avant le jugement,* c'est-à-dire avant le prononcé de l'acquittement ou de la condamnation. C'est ce que déclare en termes exprès l'art. 359 du Code d'instruction criminelle et ce que démontre l'historique de cet article, expliquant le mot *jugement*, appliqué à une Cour d'assises.

Cet article indique les personnes qui peuvent demander des dommages-intérêts et aussi le moment où elles doivent former leur demande.

Art. 359 § 1. « Les demandes en dommages-intérêts, formées « soit par *l'accusé* contre ses dénonciateurs ou contre la partie « civile, soit par la partie civile contre *l'accusé* ou le *condamné*, « *seront portées* à la Cour d'assises. »

Voilà les personnes qui peuvent former une demande de dommages-intérêts devant la Cour, et celles contre lesquelles elles peuvent la former.

D'abord *l'accusé* — nom donné à celui qui va être acquitté ou absous par opposition au mot *condamné* — contre ses dénonciateurs et la partie civile. C'est après la déclaration du jury qu'il a le droit de parler de dénonciateurs, c'est alors que « le Procureur « Général sera *tenu*, sur la réquisition de cet accusé, de lui faire « connaître ses dénonciateurs » expressions mêmes du dernier paragraphe de l'article 358, qui dans le § précédent parle d'*accusé acquitté* et de dommages-intérêts.

C'est, ensuite, la partie civile contre *l'accusé* qui a obtenu un verdict négatif ou contre le *condamné* — pas de distinction, c'est contre l'un et contre l'autre. — La demande peut être formée contre cet accusé qu'on va acquitter, c'est donc après le verdict.

La *Partie civile*, c'est celui qui est lésé et va se porter partie civile, celui pour qui il est dit que sa demande sera portée à la Cour d'assises ; comme le *condamné*, c'est celui qui va être condamné.

« Les demandes *seront portées* à la Cour d'assises », indique que les demandes n'existent pas encore, que le choix n'a pas été fait entre la juridiction criminelle et la juridiction civile, cela est si vrai que le § 4 art. 359 nous dira qu'après la session la demande de l'accusé *sera portée* au tribunal civil.

Les paragraphes suivants indiquent le moment précis où il faut former la demande :

§ 2. « La partie civile est tenue de former sa demande en « dommages-intérêts *avant le jugement* ; plus tard elle sera non recevable.

§ 3. « Il en est *de même* de l'accusé s'il a connu son dénonciateur. »

Il ne s'agit pas de plaider sur une demande déjà formée, il s'agit de former la demande, de se porter partie civile, il s'agit d'une action à intenter par l'accusé ou la partie civile (les deux sont sur la même ligne). Or l'accusé certainement, n'a pas commencé par faire sa demande avant le verdict. C'est donc postérieurement qu'il la forme. Même obligation pour la partie civile et l'accusé de former leur demande *avant le jugement.* Ainsi mêmes droits, au même moment de l'instance, même non recevabilité. Or si l'accusé n'a connu ses dénonciateurs qu'après la lecture de la déclaration du jury, comme il doit nécessairement former sa demande avant le jugement, sous peine de n'être plus recevable, il est évident que c'est entre le verdict et le prononcé de l'acquittement que doit se placer sa demande.

Pareille nécessité pour la partie civile, — puisque le jugement marque l'instant où s'éteint son droit devant la Cour d'assises, — de former sa demande avant le jugement; plus tard elle serait non recevable ; elle est donc, de toute évidence aussi, recevable entre le verdict et le *jugement*. Oui *jugement* en Cour d'assises, nous trouverons ce mot jusqu'au prononcé de la condamnation et de l'acquittement : l'article 352 parle de surseoir au *jugement* si la Cour croit que le jury s'est trompé; — La section II est intitulée *du jugement*; et l'article 359 dit avant le *jugement* et après le *jugement*.

Supposons en même temps un dénonciateur et une partie civile, ce qui est possible. Il y a eu dénonciation haineuse d'assassinat, puis reconnaissance par le jury d'une simple blessure involontaire et verdict négatif. L'accusé forme une demande de dommages-intérêts contre son dénonciateur; la partie civile, victime d'un fait et d'une faute, forme à son tour sa demande contre l'accusé.

Allez-vous accueillir l'une et repousser l'autre ? C'est impossible, les deux parties ont formé toutes les deux leur demande *avant le jugement*. Et puis, remarquez-le donc, cet article 359 vient immédiatement après l'article 358 qui parle de verdict *négatif*. C'est donc qu'il reconnaît le droit de faire la demande après ce verdict.

Malgré tout cela, la jurisprudence repousse la partie civile.

III

Pourquoi donc tant résister à accueillir la partie civile après le verdict ?

C'est l'article 359, lui-même, qui l'appelle à la Cour d'assises. « Les demandes *seront portées* à la Cour d'assises », pressante invitation, qui montre le désir de la loi et s'explique facilement. Le partie civile forme-t-elle sa demande au cours des débats, le Ministère public a intérêt à ce qu'il en soit ainsi, puisqu'il peut emprunter ses appréciations, ses pièces, ses moyens, ses preuves, son argumentation même à cette partie civile qui, aujourd'hui, parle la première. (Art. 335, § 1.)

N'intervient-elle qu'après le verdict, la partie civile a encore un intérêt; car elle peut avoir à défendre, de suite, sa moralité, son honneur mis en suspicion par le verdict négatif. Et puis, elle sait que la Cour a tout vu, les personnes et les pièces à conviction, qu'elle a tout entendu et peut apprécier la responsabilité de l'accusé, qu'elle a interrogé les témoins, les experts et les parties — toutes choses froides, muettes ou absentes pour les juges du tribunal civil. — Elle sait que la Cour a tout pesé en même temps que le jury, ce qui n'a pas lieu pour le Tribunal civil, lequel est involontairement prévenu par un acquittement, dont il ne peut connaître la cause, comme le peut la Cour.

Faire juger le civil par ceux qui ont assisté aux débats criminels, c'est la préoccupation sensée du législateur, qui ne s'arrête que devant l'impossible. Voyez jusqu'où elle va; **même après** le jugement, tant que dure la session des assises, l'accusé, s'il n'a pas connu plus tôt ses dénonciateurs, doit former sa demande; c'est la prescription du paragraphe qui termine l'article 359:

§ 4. — « Dans le cas où l'accusé n'aurait connu son dénonciateur que depuis le jugement, mais avant la fin de la session, il » sera tenu, sous peine de déchéance, de porter sa demande à la » Cour d'assises; s'il ne l'a connu qu'après la clôture de la session, sa *demande sera portée* au tribunal civil. »

Même après le jugement, voilà que les débats civils ne sont pas encore terminés ; et voilà une injonction de venir à la Cour d'assises et d'y intenter une action civile.

Cela est d'autant plus surprenant que non seulement on est *après le jugement*, mais qu'il ne s'agit pas d'une personne auteur ou victime d'un fait, d'une faute ou d'un crime dont le jury et la Cour soient saisis. Il ne s'agit que d'un intérêt civil entre une personne qui a été accusée et un calomniateur. Ce devait inévitablement être un procès civil. On demandait au Conseil d'Etat, en 1808, de le renvoyer au tribunal civil. Ce fut le prince archichancelier de l'Empire qui répondit : « qu'il serait plus simple » de faire statuer, dans tous les cas, par la Cour d'assises, *puis-» qu'elle connaissait déjà l'affaire.* »

C'était lors de la discussion de l'article 356 du projet, devenu l'article 358, qui le premier parle du droit de l'acquitté contre le dénonciateur.

Après ces paroles de Cambacérès et le vote de l'article 358, a été écrit l'article 359, qui dit à la partie civile, comme à cet acquitté, de venir, *avant le jugement*, à la Cour d'assises, — au lieu d'aller plus tard au tribunal civil, — et d'y former sa demande. Quelle clarté dans ce rapprochement! L'article 66 avait multiplié les moyens de se porter partie civile ; l'article 359 multiplie les cas où l'on peut venir à la Cour d'assises. Continuelles sollicitations.

Quelles manifestations plus évidentes veut-on de ce désir constant et persistant d'attirer à la Cour d'assises les demandes en dommages-intérêts, les actions civiles, et de voir les juges criminels juger ces intérêts civils.

En résumé, n'avons-nous pas le droit de dire : les mots « *les débats sont terminés* » n'ont rien d'exact ni de décisif ; le verdict, lui-même, n'empêche pas de choisir sa juridiction, *d'intenter son action*, de former la demande en dommages-intérêts devant la Cour d'assises ; c'est seulement après le verdict que l'accusé acquitté formera sa demande ; la partie lésée est recevable contre l'acquitté jusqu'à l'ordonnance d'acquittement et contre le condamné jusqu'à l'arrêt de la Cour. Une seule obligation leur est imposée à tous les deux, pour *intenter leur action*, c'est de former leur demande, c'est de prendre leurs conclusions à la Cour d'assises, *avant le jugement*.

Les textes de loi sont précis (art. 66 et 359).

IV

Et maintenant, qui peut oublier, sans s'exposer à commettre de graves erreurs, que notre Code d'instruction criminelle s'est insiré beaucoup du Code *des délits et de peines,* du 3 brumaire n IV, et l'a copié trop fidèlement, lui empruntant à tort le mot *ugement,* juste pour un tribunal criminel, inexact pour une Cour d'assises.

Est-il permis de ne pas tenir compte, à côté de ces emprunts, des différences énormes qui font mieux comprendre la législation actuelle — emprunts et différences qui se rencontrent parfois dans le même article.

Sous la loi de Brumaire, la partie civile et l'accusé *absous* peuvent *seuls* former leur demande en dommages-intérêts devant le tribunal *criminel.* Après l'article 431, qui a passé dans notre Code et disait : « Le président demande à l'accusé s'il n'a rien à » dire pour sa défense. L'accusé et son conseil ne peuvent plaider » que le fait est faux, mais seulement qu'il n'est pas défendu ou » qualifié crime par la loi, ou qu'il ne mérite pas la peine dont » le commissaire *du pouvoir exécutif a requis l'application, ou* » *qu'il n'emporte pas de dommages-intérêts au profit* de la par- » tie plaignante, ou enfin que celle-ci élève trop haut les dom- » mages-intérêts qui lui sont dus » ; après cet article venait l'article 432, si *important au point de vue historique* : « Les juges » prononcent ensuite, et sans désemparer, la peine établie par la » loi, ou acquittent l'accusé si le fait, dont il est convaincu, n'est » pas défendu par elle.

» Dans *l'un et l'autre cas,* ils statuent sur les dommages-inté- » rêts prétendus par la partie plaignante ou par l'accusé (*absous*). » Ils ne peuvent, à peine de nullité, y statuer que par le *même jugement.* »

L'accusé acquitté, lui, ne pouvait former de demande devant e tribunal *criminel,* mais seulement devant le tribunal *civil* Cassation, 13 ventôse an VII).

Quels changements, en 1808, avec notre Code d'instruction criminelle! Les demandes peuvent être formées par trois personnes, la partie civile, l'absous et *même l'accusé acquitté* (art. 359 et 366). Ces demandes sont jugées par le même arrêt ou *postérieurement* sur le rapport d'un juge (358 et 366).

Avec le Code de 1808 la partie civile ne poursuit plus au criminel, elle n'est pas obligée d'avoir fait une plainte, elle peut former sa demande de dommages-intérêts beaucoup plus tard. « L'accusé *acquitté* pourra aussi obtenir des dommages-intérêts » contre ses dénonciateurs, pour fait de calomnie » article 358, paragraphe 4.

Enfin les trois demandes doivent être *formées avant le jugement.*

Voilà, en opposition avec l'article 432, l'*acquitté* admis à faire sa demande ; et, à la fois, en souvenir de ce même article voilà l'emploi du mot *jugement* — différence et emprunt simultanés.

Jugement dit l'article 359, copie trop fidèle de la loi de brumaire.

Jugement alors qu'il s'agit d'un *arrêt* de cour.

Jugement alors qu'il s'agit de l'ordonnance d'acquittement. Avec l'historique de la loi, tout s'explique.

V

Ne pas tenir compte de textes précis, copiés dans l'ancienne législation, ou de textes qui amènent des différences considérables, n'est-ce pas se placer à côté ou au-dessus de la loi?

La loi est historique, c'est la tradition, c'est le legs du passé. Les institutions ne naissent pas subitement, elles ne sont que le résultat d'idées, de transformations, de travaux successifs — ; ainsi se forme le droit et c'est cela même qui le rend respectable et sacré, sans aucune pensée de notre part de répudier le progrès, qui est salutaire quand il est raisonné. On l'oublie peut-être trop : tout n'est que l'œuvre du travail et du temps.

Nous devions donc interroger ce passé, le meilleur encore et le plus sûr des guides. Puissent ces sentiments excuser notre étude et l'autoriser !

VI

Quels motifs ont déterminé tant d'arrêts à repousser la partie lésée lorsqu'elle forme sa demande et se porte partie civile *après le verdict* ?

Singulier spectacle ! On trouve des arrêts qui disent : *jamais* on ne peut se porter partie civile *après la clôture des débats* (25 mai 1837 ; 2 août 1838). On en trouve d'autres qui admettent *toujours* celui qui s'est, avant la clôture, constitué partie civile, à prendre des conclusions après le verdict quel qu'il soit, mais avant le jugement (2 mars 1833), tandis que d'autres ne veulent l'admettre que si le verdict est affirmatif et doit amener un jugement de condamnation. Enfin une jurisprudence, bien plus large, l'admet à prendre des conclusions même *après* l'ordonnance d'acquittement (21 oct. 1835) ou à préciser la quotité des dommages-intérêts (Arrêt du 22 avril 1836, rendu malgré les conclusions de Dupin qui repoussaient la demande venue après le jugement) ; et aussi à prendre ses conclusions *après l'arrêt de condamnation* (10 avril 1835 et 26 mai 1842).

Ainsi chacun bâtit son système. Voilà le désaccord inévitable, conséquence fatale des théories arbitraires, qui créent la loi au lieu de la suivre; on se fait législateur, on n'est plus juge. Comme il en coûte à ne pas accepter la loi ! Et, au milieu de tout cela, que devient l'uniformité du droit? Que devient la jurisprudence qui doit après des études longues, patientes et spéciales pour chaque code, nous *dire le droit* ? Il faut cependant que le *droit soit fixé* par des juges d'élite, comme disait Napoléon Ier dans la discussion du Code d'instruction criminelle.

Surprenante logique : On veut que l'article 359 soit fait seulement pour celui qui s'est déjà constitué partie civile, et doit ensuite prendre ses conclusions *avant* le jugement, et on l'admet *après*.

Voyons d'abord les arrêts que rejettent *toujours* la partie civile et s'appuient sur la combinaison de notre article 359 avec l'article 67.

« Article 67. Les plaignants pourront se porter partie civile en « tout état de cause, *jusqu'à la clôture des débats.* »

Mais quelle utilité y a-t-il à rapprocher ces deux articles faits pour des situations différentes.

1° L'article 67 est relatif au tribunal correctionnel, tandis que l'article 359 est écrit pour les affaires soumises au jury.

2° L'article 359 fait plus que l'article 67. C'est une disposition spéciale à la Cour d'assises ; elle ne peut se rencontrer en police correctionnelle puisque-là on ne donne pas la parole aux parties après l'appréciation des faits qui relève des juges eux-mêmes.

Nous avions rencontré une différence pour la citation directe (art. 182), en voici une nouvelle pour le moment de recevabilité (art. 359). Nous aurons à en signaler d'autres pour les frais criminels (art. 368), pour le pourvoi (373).

3° L'article 359, voté *après l'article* 67 et pouvant le modifier, ne saurait être abrogé ni modifié par lui ; décrété, en effet, le 9 décembre avec le titre II, il a été promulgué le 19 décembre 1808, au lieu que l'article 67 avait été déjà voté avec le titre Ier le 17 novembre et promulgué le 27 du même mois.

Pourquoi vouloir modifier la loi, en lui faisant faire un retour en arrière ? Nous sommes en matière criminelle où tout est de droit strict et étroit.

4° L'application de l'article 67 à la Cour d'assises n'est pas possible sans effacer presque complètement et dans la plus grande partie des cas l'article 359.

Car il faut, d'après l'article 67, se porter partie civile avant la clôture des débats, soit (art. 66) par une déclaration formelle, soit implicitement en prenant des conclusions en dommages-intérêts. Cela va bien en police correctionnelle où il n'est pas possible de prendre des conclusions après la réponse sur le fait qui émane du tribunal et est donnée en même temps que la condamnation. L'article 67 est vrai. Mais à la Cour d'assises, si l'on applique l'article 67 qui ne veut pas qu'on devienne partie civile après la clôture, les conclusions de la partie civile, prises après le verdict, ne seront pour ainsi dire jamais recevables; celles de l'accusé contre son dénonciateur, puisqu'il ne peut intervenir le plus souvent qu'après le verdict, ne pourront non plus être acceptées ; alors il n'y aura, à peu de chose près, plus d'article 359.

On arriverait à restreindre l'article 359 à une hypothèse assez rare, celle où l'on s'est déjà porté partie civile, sans prendre de conclusions et où l'on se déciderait à les prendre après le verdict. Ce n'est pas l'esprit de l'article 359. C'est impossible d'ailleurs pour l'acquitté contre son dénonciateur, impossible encore pour l'absous qui se base sur ce qu'a accepté ou rejeté le jury. Pourquoi le législateur aurait-il tant de fois manifesté la volonté de faire venir à la Cour d'assises les actions civiles, pour en arriver là.

Les trois demandes sont traitées de même, et réglées toutes les trois, par l'article 359.

Elles *seront portées* à la Cour d'assises : sinon elles *seront portées* devant le tribunal civil (Exemple dans l'art 359 § 4).

Renvoyer au tribunal civil, *pour porter la demande*, c'est bien montrer que celui qui la forme n'est pas déjà partie civile ; s'il l'était il ne pourrait plus aller à ce tribunal d'après la règle qui ne permet pas, quand on a fait choix d'une juridiction, d'en changer dès que les débats sont engagés, et de traîner ainsi l'accusé ou l'autre partie de juridiction en juridiction.

Laissons chaque article à sa place pour régler des droits différents ; c'est un devoir pour tous. On ne crée pas de déchéance, la non recevabilité ne résulte que d'un texte exprès et formel. L'article 359 en a créé une, n'allons pas au delà : après le jugement la partie civile n'est plus recevable.

Peut-on repousser un texte qui est si clair qu'il suffit de le lire simplement pour le comprendre ; peut-on venir imaginer un moyen ingénieux pour le mettre de côté, et cela, grâce à une combinaison de textes, dont rien en vérité ne nécessitait le rapprochement ?

VII

Un arrêt, du moins, avait été rendu le 18 mars 1824, par la Cour d'assises du Haut-Rhin, qui déclarait qu'on pouvait se porter partie civile et demander des dommages-intérêts après la déclaration du jury, mais avant le jugement.

Et voilà qu'on le signale comme violant toutes les lois. Oui, lui répond-on, on peut bien, si l'on s'est déjà porté partie civile, prendre des conclusions en dommages-intérêts après le verdict ; mais, après le verdict, jamais on ne peut se porter partie civile. — Distinction manifestement contraire à la loi. — Car l'article 66 dit que pour se porter partie civile, il faut *ou bien* le déclarer formellement soit par la plainte soit par acte subséquent, *ou bien* prendre seulement, par l'un ou par l'autre, des conclusions en dommages-intérêts. Il ne faut donc pas d'abord se porter partie civile et ensuite demander des dommages-interêts. Il suffit de demander des dommages-intérêts par des conclusions ; *prendre des conclusions* en dommages-intérêts c'est se porter partie civile. Voilà le droit de toute partie lésée, et il est écrit, pour la Cour d'assises, dans l'article 359.

Voyez le texte de l'article 66. « Les plaignants ne seront réputés « partie civile, *s'ils* ne le déclarent formellement soit par la « plainte, soit par acte subséquent, *ou s'ils ne prennent* par l'un ou « par l'autre, des conclusions en dommages-intérêts ».

Pourquoi faut-il avoir à constater que plusieurs auteurs, qui font autorité, ont dans leurs discussions remplacé le mot *ou* par le mot *et* ! *Ou* indique un nouveau moyen de se porter partie civile ; *et* indiquerait une seconde condition réunie à la première qui est une déclaration formelle.

L'article 66, dans sa première partie, reproduit l'ordonnance de 1670 pour les deux cas de déclaration formelle, puis il *ajoute* deux cas nouveaux pour lesquels il suffit de prendre des conclusions dans la plainte ou prendre des conclusions dans un acte subséquent.

A l'appui de notre allégation, voici que les travaux préparatoires du code sur l'article 66, nous fournissent les paroles prononcées au conseil d'Etat le 14 juillet 1808. Le procès-verbal de cette séance porte : « M. Joubert pense qu'il ne doit pas être be-« soin d'une déclaration formelle pour se rendre partie civile et « qu'*il suffit* pour le devenir, de conclure à des dommages-inté-« rêts. M. le comte Berlier répond qu'on ne peut se constituer « plus formellement partie civile *qu'en concluant* à des domma-« ges-intérêts » et l'article est voté, avec l'addition à l'ordonnance de 1670.

Nulle part dans la loi il n'est indiqué qu'à la Cour d'assises il faille d'abord une constitution formelle pour avoir ensuite le droit de former une demande en dommages-intérêts. L'accusé qui forme sa demande contre son dénonciateur, évidemment n'est pas déjà partie civile. Or, l'un et l'autre, la partie civile et l'accusé, prennent leurs droits dans l'article 359.

Après l'article 66 voyons l'article 67. Il dit que les plaignants — mot bien exact pour la police correctionnelle — peuvent se porter partie civile jusqu'à la clôture des débats. Cela signifie que ces plaignants, par cela seul qu'ils *prennent des conclusions* avant cette clôture, deviennent partie civile. Or, l'article 359, innovant sur ce point comme sur plusieurs autres, et laissant l'article 67 pour le tribunal correctionnel, va plus loin et veut qu'à la Cour d'assises la demande en dommages-intérêts puisse être formée jusqu'au jugement, c'est-à-dire qu'en *prenant des conclusions* jusqu'au jugement on puisse se porter partie civile. D'après l'article 67, *le terme* fatal était la clôture des débats pour le petit criminel, — clôture après laquelle, en effet, en police correctionnelle, il n'y a plus rien. D'après l'article 359, ce terme est plus reculé, c'est le jugement, lequel vient après la déclaration du jury. Prendre des conclusions avant le jugement, c'est donc se porter partie civile d'après l'article 359.

Avec l'article 67 on ne pourrait que rarement aller à la Cour d'assises, et l'article 359 devient presque inutile. On le restreint pour ainsi dire à rien, puisque les demandes en dommages-intérêts les plus fréquentes sont non pas celles de l'acquitté et de l'absous, mais celles de la partie lésée, et qu'on verrait arriver ceci : beaucoup de parties lésées attendraient la solution de l'affaire à la Cour d'assises pour aller au tribunal civil, la condamnation pénale facilitant la demande, et l'acquittement laissant encore à d'autres juges à apprécier le fait et la faute. Ce résultat serait tout opposé à celui que veut le législateur.

Autant alors effacer franchement l'article 359 et renvoyer au tribunal civil les intérêts *pécuniaires*. Il n'y aurait plus que l'intérêt *moral* qui survivrait en Cour d'assises. Inutiles et vaines deviennent les paroles de l'archichancelier Cambacérès.

Remarquons-le : Ce n'est pas *parce que* l'on est déjà partie civile que l'on forme sa demande, c'est au contraire *pour* se porter partie civile qu'on la forme et la porte aux assises. L'article 359 n'est que la mise en pratique de l'innovation de l'article 66, qui crée un mode nouveau de se constituer partie civile.

L'arrêt du 18 mars 1824 avait donc bien jugé et sainement appliqué la loi, en permettant à la partie lésée de se porter partie civile après le verdict et avant le jugement.

VIII

D'autres arrêts admettent la partie civile déjà constituée à prendre des conclusions s'il y a verdict affirmatif. Ils la repoussent quand le verdict est négatif.

Ils s'appuient sur ce que, dans le cas d'acquittement, il n'y a plus de jugement mais seulement une ordonnance du Président. L'article 359, selon eux, en prescrivant à la partie civile de former sa demande avant le *jugement*, n'a pu vouloir attribuer ce caractère à l'ordonnance, qui doit être prononcée par le Président *aussitôt* après la lecture à l'accusé de la déclaration du jury et sans délibération préalable de la Cour.

Alors, répondrons-nous, c'est *avant l'ordonnance* qu'on doit former la demande. Car il s'écoulera inévitablement un intervalle entre la déclaration du jury et l'ordonnance du Président. Il faut, l'oublie-t-on, que l'on fasse rentrer l'accusé, que le greffier lui donne lecture de la déclaration, que le Président prononce l'acquittement et ordonne la mise en liberté. Dès que l'accusé rentre, ou après la lecture de la déclaration, celui qui a éprouvé un dommage peut dire : *Je me porte partie civile, je prends des conclusions en dommages-intérêts.*

Le Président n'a encore rien dit, tout n'est donc pas fini. Il reste à prononcer que l'accusé est acquitté. La partie civile est arrivée avant le prononcé du Président, avant ce que la loi appelle, à tort ou à raison, *jugement*. Elle est recevable. Elle a formé sa demande, elle pourra la plaider. La Cour ensuite statuera. N'est-ce pas, en définitive, ce qui a lieu quand la partie civile s'est déjà constituée et vient prendre ses conclusions après le verdict, ou quand l'accusé forme ses demandes ?

Et puis, si la loi n'avait pas voulu attribuer à l'ordonnance le caractère de jugement, elle l'aurait dit. Or, elle a dit le contraire ; elle a prescrit à la partie civile, comme à l'accusé contre son dénonciateur, de former sa demande contre l'accusé *acquitté* avant le *jugement*, rapprochement de mots significatif qui veut que ce soit après le verdict. Elle a prescrit aussi qu'après le prononcé du Président la Cour statue sur les dommages-intérêts.

En se servant du mot *jugement* le législateur parle de ce qui est le plus fréquent, la demande formée contre le *condamné* « de eo quod plerumque fit », et surtout il emprunte le mot *jugement* à l'article 432 de brumaire, an IV. Voilà la grande raison du mot qu'il emploie.

IX

Mais, dit-on encore, c'est le jury qui acquitte et rend le jugement. Oui, en Angleterre... Erreur, en France; le jury ne fait qu'une déclaration de culpabilité ou de non culpabilité (art. 342 *in fine*). C'est le magistrat seul qui rend le jugement ou l'arrêt. Le jugement ici émane si bien du magistrat inamovible que la section II, — qui succède à la section I de *l'examen* par le jury—, est intitulée : « *du jugement et de son exécution.* » Cette section II parle une seule fois du jury, dans son article premier (357) ; « *le greffier lira la déclaration du jury* » ; et dans les autres articles elle ne parle que du président et de la Cour.

Nouvelle preuve de la distinction bien nette entre la déclaration du jury et le jugement, c'est l'article 352. « Dans le cas où « l'accusé est reconnu coupable, et si la Cour est convaincue que « les jurés, tout en observant les formes, se sont trompés sur le « fond, elle déclare qu'il est sursis au *jugement* et renvoie l'affaire « à une autre session. » Encore jugement du magistrat. Encore opposition entre déclaration du jury et jugement.

Rapprochez maintenant notre article 359, « *les demandes seront formées avant le jugement.* » Est-ce clair, est-ce précis? Peut-il être question de la déclaration du jury!

La jurisprudence fut d'abord favorable à la partie civile. Les arrêts de la Cour de cassation des 31 mars 1816 et 22 avril 1836, déclaraient que l'ordonnance d'acquittement était le jugement de l'article 359. Pourquoi avoir ensuite innové si malheureusement?

X

L'intérêt public commande que ce ne soit pas le Tribunal civil, mais la Cour d'assises qui apprécie, de suite, les demandes en dommages-intérêts. Et voilà ce qui explique l'appel incessant de la loi et l'incitation réitérée à venir aux assises, même contre le dénonciateur.

N'allons pas au rebours de la loi. Ne nous croyons pas obligés par de nombreux arrêts; c'est le droit qui doit faire les arrêts et non les arrêts qui doivent faire le droit.

Pascal disait qu'il est bien plus aisé de trouver des moines que des raisons? Le nombre des raisons ne vaut-il pas bien le nombre des arrêts. Apprécions les décisions judiciaires par les raisons qu'elles donnent et les preuves qu'elles fournissent à l'appui ; hors de là, notre vénéré maître, Bugnet, l'a dit, les arrêts sont bons pour ceux qui les obtiennent.

XI

De toute cette étude, il résulte pour nous la conviction, que la partie lésée peut toujours former sa demande, c'est-à-dire se porter partie civile, jusqu'au jugement — mot qui peut et doit ici s'appliquer à l'ordonnance d'acquittement.

Alors comme tout s'enchaîne, tout s'explique :

D'après le titre II *du jugement et de l'exécution*, reproduction exacte de brumaire an IV, la lecture de la déclaration du jury a lieu (art. 357); le nom du dénonciateur est donné à l'accusé qui veut former contre lui sa demande (358). On peut se porter partie civile, et les demandes de la partie civile contre l'accusé ou le condamné, comme celles de l'accusé, sont formées avant le jugement

(359). Le président prononce l'acquittement; la Cour ensuite statue sur les dommages-intérêts respectifs (358), et au cas d'acquittement comme au cas d'absolution ou de condamnation, elle les liquide par le *même arrêt* ou plus tard sur le rapport d'un juge — c'est une exception et une faculté pour la Cour — (358 et 366). Voilà enfin le mot *arrêt*.

Telle nous apparaît, simple et claire, la volonté de la loi.

La partie civile et les frais criminels

(Article 368.) Historique d'une erreur judiciaire.

XII

En 1808 avait été promulgué le Code d'instruction criminelle. Son article 368 portait :

« L'accusé ou la partie civile qui *succombera* sera condamné aux » frais envers l'Etat et envers l'autre partie. »

On vivait sous l'empire de cette loi. Arrive, le 18 juin 1811, un décret contenant le tarif des frais en matière criminelle et de police, et dont l'article 157 est ainsi conçu :

« Ceux qui se seront constitués parties civiles, soit qu'elles *succom-* » *bent ou non*, seront personnellement *tenus* des frais d'instruction, » expédition et signification des jugements, sauf leur recours contre » les prévenus ou accusés qui seront condamnés, et contre les per- » sonnes civilement responsables du délit. »

En vertu de ce tarif, la veuve du maréchal Brune, qui avait poursuivi et fait condamner les assassins de son mari, fut déclarée responsable de frais considérables.

A peu de temps de là, une mère fit condamner, en Cour d'assises, un misérable qui avait outragé sa fille; la malheureuse mère fut condamnée aux frais. Le fisc saisit son mobilier, et ce ne fut que grâce à un homme riche, qui paya pour elle, que le mobilier ne fut pas vendu.

Indignation publique, pétition, courageuses paroles de Dupin, Député, plus tard Procureur Général, et modification de l'article 368 qui abrogea sur ce point le décret-tarif de 1811.

Alors nouvel article 368 du Code d'instruction criminelle, 28 avril 1832 :

§ 1er. — « L'accusé ou la partie civile qui *succombera* sera condamné » aux frais envers l'Etat et envers l'autre partie. »

C'est la reproduction textuelle de l'ancien article, frais pour le condamné, ou, en cas d'acquittement, pour la partie civile dont les conclusions civiles sont rejetées.

§ 2. — « Dans les affaires soumises au jury, la partie civile qui » *n'aura pas succombé* ne sera *jamais tenue* aux frais. »

C'est l'abrogation formelle du tarif de 1811.

Quelle précision : *jamais tenue*, lorsque ses conclusions lui ont été adjugées.

§ 3. — « Dans le cas où elle en aura consigné, en exécution du » décret du 18 juin 1811, les frais lui seront restitués. »

Si on les lui restitue, à plus forte raison ne peut-on pas les lui réclamer, après le jugement.

La loi de 1808 avait été faussée par le décret de 1811 ; elle a été confirmée et mieux expliquée par la loi de 1832. Celle-ci parle pour tous un langage que tous peuvent entendre.

Le doute ne nous paraît plus possible ; la contradiction entre la loi et le décret a disparu ; le fisc ne peut plus s'en prévaloir.

Il y a quatre hypothèses possibles :

1° Condamnation à une peine, même sans condamnation pécuniaire à des dommages-intérêts au profit de la partie civile, la condamnation criminelle ayant paru suffisante ; le condamné doit les frais ;

2° Acquittement au criminel et rejet des conclusions civiles ; les dépens sont à la charge de la partie civile ;

3° Condamnation pour le crime et condamnation à des dommages-intérêts ; les frais sont à la charge du condamné ;

4° Acquittement et condamnation à des dommages-intérêts envers la partie civile ; dans ce cas, comme dans le précédent, la partie civile n'a pas succombé, elle ne sera jamais tenue aux frais, dit le § 2 de l'article 368.

Le décret de 1811 disait au contraire : « Elle supportera les frais, *qu'elle succombe* (c'est le cas du § 1) ou qu'elle *ne succombe pas* (c'est le cas de notre § 2).

C'était là précisément l'injustice qu'a fait disparaître la réforme de 1832 ; elle ne demeure dans la loi que pour la simple police et la police correctionnelle. — Dalloz (Jurisprudence générale, 2e édition, v. frais et dépens) exprime une opinion conforme à la nôtre.

XIII

Dans une affaire soumise au jury, la partie civile intervient, sans avoir poursuivi elle-même, c'est-à-dire sans avoir mis en mouvement l'action publique et sans avoir fait l'affaire sienne, comme au cas de citation directe en police correctionnelle. Elle n'intervient qu'au dernier moment, avant la clôture des débats, ou même quand le verdict du jury a été rendu, et avant que soit prononcé l'acquittement ou la condamnation ; c'est le droit de la partie civile d'après l'article 359.

Elle a laissé au ministère public à conclure pour la peine, elle a pris seulement des conclusions aux fins de dommages-intérêts civils, sans s'occuper de la criminalité du fait, mais seulement de son caractère quasi-délictueux qui lui a causé un préjudice moral ou pécuniaire.

Evidemment, elle n'est pour rien dans l'action criminelle et les frais. Elle a saisi la Cour quand elle était encore compétente. Comment pourrait-on expliquer et justifier une condamnation aux frais de cette partie civile, et comment pourrait-on mettre de côté le paragraphe 2 de l'article 368 : « la partie qui ne succombera pas ne sera *jamais* tenue aux frais ».

Remarquez que la partie lésée pourrait attendre que le procès criminel fût jugé et que les frais fussent mis à la charge de l'accusé ou de l'Etat, et venir ensuite assigner devant la juridiction civile pour le préjudice qui lui a été causé.

La loi a pensé que souvent il vaudrait mieux que la partie civile demandât des dommages-intérêts devant la Cour d'assises, là où les magistrats ont suivi tous les débats, entendu les parties, les experts et les témoins, et sont, dès lors, plus à même d'apprécier le délit civil et le dommage pécuniaire ou moral.

Le fait d'avoir répondu à cet appel si raisonnable de la loi, peut-il influer sur la question des frais criminels et avoir pour conséquence de ne plus les laisser à la charge de l'accusé ou de l'Etat ?

XIV

Récemment, le 1er février 1887, voici ce qui vient d'arriver dans une affaire soumise au jury de la Seine. Une instruction a eu lieu, la Chambre des mises en accusation a renvoyé pour crime de faux devant la Cour d'assises. La Cour et le jury sont à l'audience ; on appelle les témoins et l'un d'eux annonce qu'il se porte partie civile.

Il est resté étranger à tout ; il ne conclut pas à la peine, il pose seulement des conclusions purement civiles. Après l'acquittement de l'accusée, la Cour statue, comme le veut l'article 366, sur les conclusions civiles, et elle les adjuge complètement.

La partie civile n'ayant succombé sur aucun point, pas même sur la quotité des dommages-intérêts, ne pouvait, il semble, être *tenue* aux frais vis-à-vis de l'Etat. Elle y a été cependant *condamnée*, sauf recours il est vrai, — recours bien illusoire, — mais enfin *condamnée* — mot malheureux et pénible pour une partie civile qui ne succombe pas.

Quel motif de juger différemment dans ce cas et dans le cas précédent ? Que devient encore le § 2 de l'article 368 ?

XV

N'y a-t-il pas là une erreur judiciaire ? Les opinions pourraient-elles être divisées ? L'évidence n'est-elle pas dans la loi du 28 avril 1832, dont l'article 8 est devenu le nouvel article 368 du Code d'instruction criminelle ?

La loi doit passer avant la fiscalité. On va répétant sans cesse qu'il faut diminuer, pour les moins favorisés de la fortune, les frais judiciaires, et l'on viole la loi pour atteindre un but tout contraire !

Cette erreur judiciaire comment la réparer ? il n'y avait qu'un moyen, le pourvoi d'ordre public au nom de la loi.

Cela était d'autant plus facile qu'un pourvoi, formé déjà par l'accusée, avait saisi la Cour suprême, que l'arrêt serait discuté et que la voix du ministère public s'élèverait pour ou contre ce pourvoi. La même voix pouvait s'élever ensuite, au nom de la loi, violée à l'égard d'une partie civile.

Notre légitime attente a été trompée ?

Puisse, un jour, une partie civile avoir un intérêt assez grand pour soulever le débat et venir elle-même, dans le délai fatal de trois jours, former un pourvoi! C'est elle alors qui attaquera la jurisprudence ; et le ministère public assistera et prendra part à ces débats, sans les avoir provoqués.

XVI

Puis, une chose ne resterait-elle pas à faire, dès que l'état de nos finances le permettra ?

Ce serait de généraliser la loi, d'étendre l'équitable réforme de 1832 aux affaires de simple police et de police correctionnelle, tout au moins quand il n'y a pas de citation directe. Car la partie civile, qui *ne succombe pas*, est encore dans ces affaires, *tenue* des frais, qui peuvent être considérables — nombreux témoins venus de loin, enquêtes, rapports volumineux d'experts. — Voyez dans un procès de société : la partie civile, pour sauver son modeste patrimoine, fait condamner les administrateurs coupables, et cependant, en obtenant justice, elle est tenue de payer tous les frais, vingt-cinq, trente mille francs peut-être.

Lorsqu'on voit cette condamnation de la partie civile aux frais, *qu'elle succombe ou non*, la logique vous amène fatalement à croire qu'il en est de même au grand criminel. De là de regrettables erreurs.

Que cette réforme devienne générale et il ne sera plus possible de les commettre.

XVII

Pour justifier la condamnation de la partie civile, et peut-être aussi pour ne pas saisir la Cour Suprême, on invoque deux arrêts de cassation, l'un du 1er décembre 1855, rendu au rapport de Monsieur le conseiller Legagneur, l'autre du 5 décembre 1861.

L'arrêt du 1er décembre 1855 : il déclare que « les deux accusés « ayant été déclarés non coupables et acquittés, il en résultait que « la partie civile avait *succombé sous ce rapport* dans son inter- « vention ».

La partie civile a succombé sous un rapport, mais lequel donc ? n'est-ce pas plutôt l'accusé acquitté qui a succombé *sur un point* : en ce qui le concerne il y a eu deux solutions sur deux demandes bien différentes, l'une l'a *acquitté* malgré le réquisitoire du ministère public, l'autre l'a *condamné* à des dommages-intérêts, conformément à la réquisition de la partie civile.

Au contraire, à l'égard de la partie civile, une seule décision a été rendue : Celle qui l'a déclarée *bien fondée* et lui a alloué ses dommages-intérêts ; elle n'avait pas conclu à autre chose. Comment peut-on prouver que *sous un rapport* elle ait succombé. Sa plaidoirie ne pouvait que justifier ses conclusions, sans y rien ajouter ; elle n'a eu la parole que pour *soutenir ses intérêts privés*, — selon le mot de Faustin-Helie, t. 7, page 711, et aussi selon l'article 373 qui n'admet son pourvoi, au grand criminel, que pour ce qui est *relatif à ses intérêts civils*. — Mais elle pouvait les soutenir par tous les moyens possibles, même en plaidant l'intention criminelle pour plaider toute l'étendue de la responsabilité et de la réparation pécuniaire ou morale qu'elle demandait et justifier le chiffre élevé de ses dommages-intérêts (art. 335).

Elle n'aurait pas le *droit* de conclure à une condamnation pénale. Et si elle avait eu l'imprudence de le faire, on ne pourrait équitablement en abuser contre elle pour dire qu'elle a succombé sur ce point de ses conclusions. Car c'est affaire au Ministère public *seul*, de demander un verdict affirmatif et de requérir la peine ; et si le Ministère public succombe que les frais criminels restent à la charge de l'Etat.

S'il fallait opter entre l'acquitté, qui triomphant au criminel succombe sur la condamnation civile, et la partie civile, qui triomphe dans son unique demande de dommages-intérêts, s'il fallait frapper nécessairement l'un des deux, ce serait plutôt l'acquitté qu'il faudrait condamner aux frais. L'arrêt de cassation du 27 novembre 1840, en le décidant ainsi, était plus logique.

Mieux vaut ne les infliger à personne et laisser ces frais à la charge de l'Etat, qui les aurait supportés s'il n'y avait pas eu de partie civile.

Cet arrêt du 1er décembre 1855 ajoutait « en condamnant la « partie civile, l'arrêt attaqué n'a fait qu'une juste application des « articles *combinés* 368 du Code d'instr. crim. et 157 et 159 du « décret du 18 juin 1811. »

C'est ce que rediront plus tard et l'arrêt du 5 décembre 1861 et beaucoup d'autres.

Combiner l'article 368 avec l'article 157, c'est doublement inutile : inutile si c'est pour rappeler le cas où *elle succombe*, car l'article 368 § 1 est là ; inutile et même faux si c'est pour rappeler le cas où elle ne *succombe pas*, car cet article 157 a été abrogé en 1832 et remplacé par le § 2 de l'article 368 : la partie civile qui *n'aura pas succombé* ne sera *jamais tenue* aux frais. Cette combinaison c'est justement celle que la réforme de 1832 ne permet plus. — Dalloz partage encore notre opinion sur cet arrêt du 1er décembre 1855.

Tenons-nous-en au nouvel article 368 § 2 « *jamais tenue* ». *Jamais* suppose nécessairement les 3 cas de condamnation, d'absolution et d'acquittement qu'indique l'article 356, dont l'article 368 n'est que l'application et la suite.

Un texte précis, en matière criminelle principalement, ne vaut-il pas l'autorité incontestée du savant rapporteur de 1855 ?

XVIII

Allons plus loin : Est-il raisonnable de faire tant d'efforts pour tâcher de prouver que la partie civile a succombé, et pour arriver à rejeter sur elle les suites d'un verdict négatif ?

Personne ne peut pénétrer ce mystérieux verdict qui demeure une énigme. — Pourquoi y a-t-il eu acquittement? Est-ce parce qu'il avait répondu *Oui* sur le premier crime, que le jury a répondu *Non* sur le second (affaire du 1er février 1887)? Est-ce parce que la partie civile était désintéressée et qu'on avait fait des offres de la somme soustraite comme dans l'affaire du 1er décembre 1855 ? Est-ce encore parce que le jury a la certitude qu'il y aura une condamnation à des dommages-intérêts, et que l'acquitté sera repris par la Cour? Cette condamnation civile qui attend l'accusé est précisément quelquefois l'argument dernier de la défense pour décider l'acquittement.

Chacun des jurés a pu être entraîné par une raison différente — longue prévention, jeunesse, responsabilité partagée ; nous ne savons « *quelle impression ont faite sur leur raison les preuves » rapportées contre l'accusé et les moyens de sa défense* » (*art.* 342) ; et rien dans le verdict n'est là pour l'indiquer, on reste en face d'une énigme.

Quel motif, je le demande, de vouloir chercher à tant protéger l'acquitté, au détriment de la partie civile ? — S'il est acquitté et qu'il n'y ait ni peine, ni condamnation civile, la partie civile est tenue aux frais criminels ; s'il y a condamnation à des dommages-intérêts, c'est donc qu'il est responsable d'une faute, alors pourquoi lui sacrifier la partie civile ; qu'il soit tenu aux frais, ou que ce soit l'Etat, mais que ce ne soit *jamais* la partie civile (art. 368).

Durant le cours de ces études, je me suis souvenu d'un conseil paternel : Sois vrai pour être utile. Que ce soit ma devise; c'est sous cette sauvegarde que je tiens à me placer.

Gustave Chrétien,
Avocat à la Cour d'appel, docteur en droit.

Pourvois en Cassation (art. 373, 442, 441).

XIX

L'accusé a trois jours pour se pourvoir en cassation. La partie civile aussi doit former son pourvoi dans les *trois jours*, — trois jours francs, c'est-à-dire sans compter le jour de l'arrêt, ni le jour du pourvoi. « Mais ce n'est, dit l'article 373, que quant aux dispositions relatives à ses *intérêts civils*. » — preuve nouvelle que dans les affaires soumises au jury elle n'est pas partie dans les débats criminels, et doit, en conséquence, rester étrangère aux frais quand elle ne succombe pas. C'est une différence encore avec la police correctionnelle où l'article 216 permet à la partie civile de former son pourvoi pour violation de la loi pénale.

Dans un cas elle n'a que vingt-quatre heures, c'est lorsque la Cour a accordé contre elle à l'accusé acquitté des dommages-intérêts supérieurs à sa demande, *ultra petita*. (Art. 374 et 412.)

Enfin il n'y a jamais de *pourvoi incident* comme il y a appel incident à la Cour d'appel.

Le Ministère public a le même délai de trois jours pour déclarer au greffe qu'il demande la cassation de l'arrêt.

Au cas d'acquittement, il n'a que vingt-quatre heures, et son pourvoi n'est que dans l'intérêt de la loi, sans préjudicier à la partie acquittée (art. 374 et 409).

Ce délai de trois jours passé, il n'y a que le Procureur général près *la Cour de cassation* qui puisse former un pourvoi (art. 442). Ce n'est que dans l'intérêt de la loi, et le Procureur général a trente ans.

Au Garde des sceaux est réservé un droit tout exceptionnel dans l'article 441. C'est celui de donner un ordre formel au Procureur général près la Cour de cassation, de dénoncer à la section criminelle, avant qu'ils soient définitifs, des actes judiciaires, arrêts ou jugements, contraires à la loi, pour les faire annuler.

Documents

XX

Arrêt de la Cour d'assises de la Seine du 1er février 1887

Après la déclaration du jury, affirmative, mais avec circonstances atténuantes, sur le vol commis au préjudice des époux L., et négative sur le faux à l'égard de R.

La Cour condamne l'accusée à la peine de six mois de prison pour vol, l'acquitte sur le faux ; et, statuant sur les conclusions de R. partie civile,

Considérant que, si le jury a déclaré l'accusée non coupable du chef de faux, sa réponse porte sur la culpabilité et non sur la matérialité du fait ;

Considérant qu'il résulte des débats et qu'il est constant pour la Cour que le billet de 1,000 francs à l'ordre de Mme Klein, daté du 9 juin 1886, est faux.

Que l'accusée, en réclamant le paiement dudit billet, a causé par son fait à R. un préjudice dont elle lui doit réparation aux termes de l'article 1382 du Code civil ;

Que cette réparation doit consister dans *l'adjudication des conclusions* prises par la partie civile ;

Ordonne que dans les huit jours, suivant celui où le présent arrêt sera passé en force de chose jugée, le billet dont s'agit sera lacéré par les soins du greffier en chef de la Cour ;

Autorise R. à se faire délivrer, aux frais de l'accusée, expédition du procès-verbal de lacération ;

Condamne la fille H. au quart des dépens.

Condamne R. aux trois quarts.

Condamne la fille H. à garantir et indemniser R. de cette dernière condamnation.

POURVOI est formé par la fille H. sur la condamnation civile ;

Le 25 mars 1887 rejet de ce pourvoi. Bulletin :

« La réponse négative du jury n'exclut pas la possibilité de la con- « damnation par la Cour d'assises à des dommages-intérêts, prononcés « contre l'accusée reconnue non coupable, si ces deux décisions n'im- « pliquent pas contradiction. Le verdict négatif sur une question de « faux n'écarte *que* la criminalité ; la matérialité de ce faux subsiste et « peut servir de base à la Cour pour une condamnation à des dépens, « réclamés à titre de dommages-intérêts par la partie civile.

« En pareil cas, s'il est regrettable que les motifs exprimés ne *soient* « *pas très explicites*, on ne peut dire qu'il y ait *absence de motifs* dans « l'arrêt de la Cour d'assises, qui déclare que le préjudice, causé à la « partie civile par la demande de paiement d'un billet faux, est résulté « des débats, et vise à cet égard l'art. 1382 du Code civil. »

M. le Conseiller Tanon, rapporteur ; M. Loubers, avocat général, c[ons] conformes ; plaidants : Me Bazille et Me Brugnon.

NOTA. — (*A*). L'accusé *acquitté* ne peut-il pas se plaindre, *lui aussi*, de la violation de l'art. 368 § 2, et dire qu'elle lui fait grief et devient pour lui un motif de cassation ?

C'est, en effet, l'injuste condamnation de la partie civile aux frais *criminels* qui fait retomber ces mêmes frais à la charge de l'acquitté ; sans cette condamnation en opposition avec la loi, ils restaient à la charge de l'Etat. C'est donc l'erreur du juge qui a amené une pareille condamnation et non pas la faute de l'acquitté, qui ne doit, dès lors, être responsable que des frais *civils*. (Art. 368 § 1 *in fine*.) Souvent d'ailleurs la partie civile ne demande comme dommages-intérêts que les frais. Ce qu'elle veut, c'est obtenir, *elle-même*, une condamnation ; le chiffre des dommages-intérêts n'est rien pour elle : les frais civils lui suffisent.

(*B*) La partie civile ne devrait-elle pas conclure *seulement* à des dommages-intérêts et aux dépens *civils* ; et, à toute éventualité, pour le cas où par impossible la Cour mettrait à sa charge les frais *criminels*, conclure, à titre de dommages-intérêts supplémentaires, à la restitution de ces frais *criminels* ?

TABLE DES MATIÈRES

Paris. — Imprimerie Alcan-Levy

www.ingramcontent.com/pod-product-compliance
Ingram Content Group UK Ltd.
Pitfield, Milton Keynes, MK11 3LW, UK
UKHW022156260726
13993UKWH00005B/2399